RECUPERA LA MOTIVACIÓN EN EL TRABAJO

Los secretos para acudir con ganas a la oficina

Por Caroline Cailteux

Traducido por Laura Soler Pinson

CONSEJOS PARA QUE TU TRABAJO VUELVA A TENER SENTIDO

- **¿Problemática?** ¿Cómo identifico las fuentes de desmotivación y cómo actúo para motivarme?
- **¿Utilidad?** No siempre basta con ser competente para trabajar correctamente, y la plenitud en la esfera personal a veces no es un muro de contención lo suficientemente sólido como para enfrentarnos al sufrimiento profesional. Cuando nos faltan fuerzas para acudir al trabajo y cumplir con nuestros compromisos laborales, es importante que nos tomemos nuestro tiempo para pensar acerca de lo que podemos llevar a cabo antes de llegar al punto de quiebre.
- **¿Contexto?** Gestión de recursos humanos.
- **¿Preguntas frecuentes?**
  - ¿Tengo que centrarme únicamente en los aspectos profesionales para volver a motivarme en el trabajo?
  - ¿Cómo reacciono ante el estrés profesional que me desmotiva?
  - ¿Cómo alcanzo soluciones frente a situaciones difíciles?
  - ¿Estaría más satisfecho y más motivado si trabajase a tiempo parcial?
  - ¿Cómo hacen los que se adaptan a cambios organizacionales?
  - ¿Debería plantearme un reciclaje profesional para volver a motivarme?

Aunque muchas empresas hagan un llamamiento a «personas motivadas» en sus ofertas de empleo, la motivación no es una competencia que algunos tengan y otros no. Es una dinámica, una química entre un individuo y su contexto que puede surgir o no, en mayor o menor medida, según la evolución. La motivación se cultiva, y aunque desempeñes el papel de jardinero, tus compañeros, tu jefe y tu empresa también influyen en que se viva bien en tu huerto. Si bien no siempre puedes actuar sobre los demás y modificar su comportamiento, esperamos que, con ayuda de las nociones que presentamos a continuación, puedas elaborar un análisis de tu situación que te motive a estimularte de nuevo, en vez de quedarte de brazos cruzados viendo cómo crece la maleza.

EL ABECÉ DE LA MOTIVACIÓN

¿MOTIVACIÓN, SATISFACCIÓN O IMPLICACIÓN?

A menudo, confundimos la motivación con las nociones de satisfacción y de implicación. En su obra *Motiver, être motivé et réussir ensemble*, Éric Cobut y Géraldine Bomal nos explican que la satisfacción tiene más que ver con la representación que tenemos de nuestra situación profesional, mientras que la motivación se corresponde más con la fuerza motora que origina nuestros comportamientos. La satisfacción es un estado, estamos satisfechos o insatisfechos, mientras que la motivación se corresponde con una dinámica, con un proceso que requiere un esfuerzo para que nos pongamos en movimiento en nuestro contexto profesional. La motivación siempre va ligada a algo: no existe la motivación absoluta. Estos autores distinguen la ausencia de motivación de la «desmotivación». Efectivamente, debemos tener en cuenta el matiz entre el hecho de no encontrar ningún elemento que nos genere ganas de trabajar y ver cómo estas mismas ganas desaparecen por el cambio de nuestra relación con nuestro ambiente laboral.

La implicación (o *commitment* para los anglosajones) es un concepto que también se confunde con la motivación. Esta última noción remite más bien a la relación, al vínculo que la persona mantiene con la organización y con sus miembros. Por su parte, la implicación se corresponde con nuestro grado de identificación psicológica en el trabajo e influye en nuestra imagen global. Tal y como señalan distintos estudios relativos a la implicación organizacional, como el de Howard Klein, Thomas Becker y John Meyer, existen diferentes formas de implicación:

* la implicación en el trabajo, relativa al sitio que este ocupa en nuestra vida;
* la implicación hacia la organización en su totalidad, que representa una identificación con sus objetivos y valores, una voluntad de realizar esfuerzos por ella y un deseo de seguir formando parte de ella;
* la implicación hacia la trayectoria o la profesión;
* la implicación hacia una función específica (*job involvement*).

Así, tu trabajo y tu vínculo profesional en la organización influyen en la percepción que tienes de tu imagen global y en tu motivación en el trabajo. Por lo tanto, si te ves afectado por elementos de tu contexto profesional, es importante que te detengas a reflexionar sobre ello para identificar cuál es tu punto débil.

EVOLUCIÓN DE LA CONCEPCIÓN DE LA MOTIVACIÓN

En la obra de Meryem Le Saget, relativa a la gestión intuitiva, la autora nos indica que existen tres generaciones de concepciones de la motivación desde 1900.

«Ejecuto mis tareas»

La primera generación está vinculada a la época de la industrialización y del taylorismo y ofrece una única lectura de los trabajadores, con soluciones idénticas para cada uno de ellos. En ese momento, estar motivado significa ir a trabajar por miedo al empleador, por la esperanza de alcanzar unas condiciones de vida mejores o, incluso, para ganarse la vida y alimentar a la familia.

«Participo en la realización del trabajo»

La segunda generación toma conciencia de las nociones de satisfacción e insatisfacción en el trabajo. Tiene en cuenta las necesidades de los empleados y las agrupa en grandes categorías jerarquizadas. Para acceder a los niveles superiores de esa categorización, se necesita satisfacer los niveles inferiores. Así, esta nueva generación entiende que una persona motivada necesita ser escuchada, un puesto adaptado y un reconocimiento a su contribución para mantener esa motivación.

Entre 1950 y 1990, bajo la influencia del movimiento de las relaciones humanas (un movimiento vinculado al estudio de las organizaciones que surge tras la crisis de 1929 y que estudia las relaciones grupales en el trabajo), algunas teorías, como la de la famosa pirámide de Maslow, invitan a tomar en cuenta el hecho de que las motivaciones de las personas no son idénticas.

La pirámide de las necesidades de Maslow

Entre otros autores, el psicólogo estadounidense Frederick Irving Herzberg (1923-2000) completa este enfoque con su teoría de los dos factores, donde nos propone prestar atención al equilibrio entre la presencia y la ausencia de los factores de satisfacción y de insatisfacción. En efecto, en su opinión, los factores de satisfacción son independientes de los factores de insatisfacción. Así, aunque la ausencia de factores de higiene (es decir, aquellos que podrían influir tanto en la salud como en el bienestar de los trabajadores, como el salario, las buenas relaciones laborales o unas buenas condiciones de trabajo) genera desmotivación, la presencia de factores de motivación (*feedback* sobre el resultado del esfuerzo realizado, naturaleza del trabajo, reconocimiento, autonomía, etc.) quizás no impedirá que el trabajador se sienta insatisfecho en su trabajo. Se trata de promover los aspectos satisfactorios mientras se trabaja de manera paralela para reducir los elementos que generan insatisfacción. Si el jefe quiere motivar a su personal, debe tener en cuenta las necesidades de sus asalariados, estar atento a los factores de satisfacción y de insatisfacción de su plantilla y adaptar las soluciones a los distintos casos.

«Me implico en mi trabajo porque puedo expresarme y desarrollarme»

La motivación de la tercera generación surge en los años noventa. El jefe es un líder intuitivo con una lectura sistémica, que debe afrontar el reto de volver a darle un sentido al trabajo y de tratar a las personas como adultos. Más allá de las grandes categorías, cada persona es distinta y, por lo tanto, cada solución debe estar hecha a medida y debe integrarse en un sistema complejo. El centro de la motivación ya no es la tarea, sino el interés por esta última.

Aunque los años noventa anuncian la llegada de la gestión intuitiva, esto no implica que todos los jefes hayan evolucionado de forma paralela al concepto. Sobre el terreno, no es raro observar enfoques de gestión centrados en la división de tareas y en la organización del trabajo, u orientados hacia la gestión participativa sin tener la más mínima idea de lo que podría significar la gestión intuitiva, ya que esta última está basada en el capital de confianza de la relación con el trabajador y se centra en la búsqueda de sentido en el trabajo.

¿Comparto la concepción de motivación de mi organización y/o de mi jefe?

Si te sientes desmotivado, puede que tu concepción de la motivación y tus expectativas sufran un desajuste con respecto a las de tu organización o a las de tu jefe. A continuación, presentamos un primer punto de reflexión que te permitirá tomar conciencia de las razones que podrían originar tu desmotivación. Basándote en la siguiente tabla, ¿a qué generación crees que corresponde la concepción de tu organización/de tu jefe? ¿Y cuál es tu propia concepción de la motivación? ¿Observas un desajuste? ¿Cuál?

MOTIVACIÓN GENERACIÓN 1	MOTIVACIÓN GENERACIÓN 2	MOTIVACIÓN GENERACIÓN 3
Gestión centrada en las tareas y en la organización del trabajo. Se aplica la técnica de la zanahoria y el palo.	Gestión centrada en las categorías de necesidades, la satisfacción y la insatisfacción.	Gestión basada en la intuición y centrada en las motivaciones intrínsecas de curiosidad intelectual, de ganas de evolucionar, de afán por encontrar un sentido.
Mi jefe confía en la tecnología y solo se preocupa por mi eficacia, lo que me aporta dinero.	Mi jefe confía en su humanismo y se preocupa en comprender cómo trabajo para despertar mis ganas de participar y para permitirme evolucionar.	Mi jefe confía en su intuición, deposita su confianza en mí y se preocupa del sentido de mi trabajo.

En contra de lo que algunas personas creen, los que nos rodean no leen nuestros pensamientos, no adivinan nuestras expectativas y no tienen por qué concebir la motivación de la misma manera. Por eso, es importante que nos expresemos. Ahora que has identificado dónde se sitúa el posible desfase entre tu lectura de la motivación y las que percibes en tu lugar de trabajo, tienes que formularlo. Obviamente, dependiendo de la calidad de la relación y del nivel de confianza que tengas con tu interlocutor, esta etapa será más fácil o más compleja. Sin embargo, si te guardas esta observación y no la das a conocer, la situación no cambiará. Según tu contexto profesional, podrás enviar tu mensaje directamente a tu jefe o, eventualmente, a un representante de recursos humanos, o incluso a una persona de confianza (autorizada en temas de bienestar en el trabajo) para buscar soluciones constructivas.

Para inspirarte, incluimos algunos ejemplos de sentimientos que podrías querer formular si tus lecturas motivacionales sufren un desajuste:

- «Durante nuestra última reunión, hemos estado hablando principalmente acerca de las tareas que debo llevar a cabo. Al final de esta interacción, me he sentido molesto porque me gustaría obtener más *feedback* sobre la calidad de mi trabajo. ¿Podríamos concertar una cita para tratar este punto con mayor profundidad, para que pueda situarme mejor?»
- «Durante la entrevista de evaluación, hemos estado hablando principalmente acerca de la consecución de objetivos. Al volver a casa, me he sentido un poco frustrado. Me habría gustado tener la oportunidad de participar más en la puesta en marcha del proyecto, en vez de contentarme con la ejecución de órdenes. ¿Podríamos tratar juntos algunos aspectos estratégicos del proyecto para ser más autónomo en un futuro?»
- «Agradezco el *feedback* que me diste la semana pasada. A pesar de todos los puntos positivos, siento que estoy perdiendo energía. Necesito darle un sentido a mi función, y se me han ocurrido varias ideas. ¿Podríamos encontrar un momento un día de estos para hablar de las posibilidades de evolución de mi misión dentro del equipo?»

¿QUÉ SENTIDO TIENE MI TRABAJO?

Las tareas que debemos llevar a cabo en nuestro trabajo ejercen una gran influencia sobre nuestra motivación, nuestra satisfacción y nuestra productividad. Así, algunos investigadores han mostrado un gran interés por las características que le dan sentido a una labor, definiendo el sentido como «un efecto de coherencia entre las características que un individuo busca en su trabajo y las que percibe en el trabajo que efectúa»[1] (Morin 2003). Son ocho los factores que podrían influir en el sentido del trabajo:

- el respeto de los valores o la ética en el trabajo;
- la autonomía en el trabajo;
- el apoyo que recibimos en el ejercicio de nuestro trabajo;
- la utilidad del trabajo;
- las posibilidades de aprendizaje;
- el reconocimiento;
- la calidad de las relaciones en el trabajo;
- el placer que obtenemos al efectuar nuestro trabajo.

<u>Volver a motivarme — Reflexión 2</u>

Si te sientes desmotivado, quizás es porque ya no ves la coherencia y porque tu trabajo actual ha perdido todo el sentido para ti. En ese caso, puedes plantearte las siguientes preguntas:

- ¿Siento que se respetan mis valores? ¿Que seguimos principios éticos que son importantes para

---

1. Cita traducida por 50Minutos.es

mí?

- ¿Siento que puedo tomar iniciativas, proponer soluciones, organizarme con libertad?
- ¿Siento que mis compañeros, mis superiores, mi organización me apoyan?
- ¿Siento que mi trabajo es útil? ¿De qué manera? ¿Por qué considero que es inútil?
- ¿Cuáles son las últimas cosas que he podido aprender? ¿Con qué motivo? ¿Fue suficiente, satisfactorio?
- ¿Recibo reconocimiento en el trabajo? ¿De parte de quién? ¿Qué tipo de reconocimiento necesito recibir?
- ¿Son agradables, constructivas y cómodas las relaciones profesionales que mantengo? ¿O, por el contrario, son tensas, insatisfactorias e incómodas? ¿Con quién? ¿Por qué razones?
- En líneas generales, ¿qué me gusta de un trabajo?
  - Las sensaciones fuertes, la posibilidad de mejorar, de superarme.
  - La posibilidad de aprender cosas nuevas o de comprenderlas, de satisfacer mi curiosidad.
  - La posibilidad de dar sentido a lo que hago, de sentirme realizado, de asumir retos.
- ¿Esto se da en mi puesto actual?

Para cada una de las respuestas a estas preguntas, pregúntate:

- ¿Sobre qué puedo actuar directamente?
- ¿Sobre qué puedo actuar indirectamente?

- ¿Sobre qué no puedo actuar?
- ¿Cuáles son las posibles soluciones que se me ocurren?
- ¿Qué necesitaría para implementarlas?
- ¿Con quién podría hablar?

LOS DISTINTOS TIPOS DE MOTIVACIÓN

Existen muchas definiciones de motivación. Florence Cassignol-Bertrand, Pierre-Henri François y Claude Louche, investigadores de las universidades Paul Valéry de Montpellier y de Poitiers (citados en Laberon 2011, 201-218), nos indican que los numerosos autores que abordan el tema de la motivación coinciden en que se trata de una fuerza extraída de nuestro interior o de nuestro exterior, que desencadena comportamientos (con una cierta intensidad y en una cierta dirección) y que permite que estos sean duraderos. Según la teoría de la autodeterminación, nuestra motivación sería «autodeterminada» cuando guarda relación con las acciones que elegimos y aprobamos, y «no autodeterminada» cuando nos obligamos a hacer algo o cuando nos viene impuesto.

La motivación intrínseca

Se presenta cuando actuamos por placer. Es muy autodeterminada y encuentra su origen en tres formas distintas:

- acciones que ofrecen sensaciones fuertes, por las ganas de crecer, de profesionalizarse, de mostrarse capaz de repetir un gesto indefinidamente para mejorar;

- el placer de aprender cosas nuevas, de saber más, de satisfacer nuestra curiosidad o de comprender;
- el deseo de dar un sentido, la autorrealización y el sentimiento de asumir retos.

La motivación extrínseca

Se presenta cuando actuamos por razones instrumentales, «con el objetivo de...». Adopta distintas formas que se mueven entre la no autodeterminación y la autodeterminación:

- la evitación de una sanción o la obtención de una recompensa (la regulación externa). Por ejemplo: la jornada llega a su fin y hay un sol radiante, por lo que nos vemos tentados de posponer nuestra tarea hasta el día siguiente. Sin embargo, nos motivamos y terminamos el expediente para evitar escuchar la voz estridente de nuestro jefe: «¡Te había dicho que este informe era urgente! ¿Cómo puedo confiar en ti si no respetas los plazos?». Se trata de un tipo de motivación no autodeterminado: nos sentimos obligados a hacerlo.
- la culpabilidad (la regulación introyectada). Por ejemplo: «Si no termino hoy este expediente, Martine tendrá que compensar mi retraso y deberá posponer la reunión con el director». Se trata de una forma de motivación no autodeterminada: nos obligamos a hacerlo.
- la posibilidad de conciliar la situación con otras actividades importantes o con la consecución de otro objetivo (la regulación por identificación). Por ejemplo: «A veces, tengo que redoblar esfuerzos para terminar el expediente, pero el hecho de pasar a trabajar a tiempo parcial el mes que viene me permitirá acompañar a Lucie a su

entrenamiento de gimnasia. ¡Venga, ánimo!». Se trata de una forma autodeterminada: elegimos hacerlo, a pesar de que no es por placer.

• la utilización de mis valores, de los principios que he integrado (la regulación integrada). Por ejemplo: «La gente puede contar conmigo, jamás me he ido de la oficina sin terminar mis expedientes, con sol o sin él. ¡Es una cuestión de principios! Me uno a vosotros más tarde». Se trata de una forma autodeterminada.

«La amotivación»

Aparece en las personas que ejercen su actividad con resignación, que no perciben ninguna relación entre sus actos y los resultados, ya sea por razones externas (no reciben ningún *feedback* constructivo) o por sus propias razones (de todas maneras, se sienten incapaces de conseguir los objetivos). Se trata del tipo de motivación menos autodeterminado. No es intencional, la persona no actúa ni por elección, ni por placer.

Luc Pelletier y Robert Vallerand (citados en Laberon 2011, 205) constatan que la motivación autodeterminada (por elección) tiene un impacto significativo en el rendimiento y efectos positivos en el trabajo. Por lo tanto, permitiría predecir con más acierto el rendimiento y la satisfacción que las motivaciones no autodeterminadas (impuestas).

En el cuadro que presentamos a continuación, señala con una cruz negra dónde se situaban tus motivaciones cuando empezaste tu trabajo. Después, marca con una cruz roja tus motivaciones actuales.

MOTIVACIÓN AUTODETERMINADA	↑	«Llevo a cabo mi trabajo porque me estimula, me permite aprender o me permite sentirme realizado».	MOTIVACIÓN INTRÍNSECA
		«Mis valores guían mis acciones en el trabajo, es una cuestión de principios».	MOTIVACIÓN EXTRÍNSECA INTEGRADA
		«Efectúo mi trabajo porque combina con... y porque es importante para mí, o porque me permite alcanzar otro objetivo».	MOTIVACIÓN EXTRÍNSECA IDENTIFICADA
MOTIVACIÓN NO AUTODETERMINADA	↓	«Hago mi trabajo para no sentirme culpable por...».	MOTIVACIÓN EXTRÍNSECA INTROYECTADA
		«Llevo a cabo mi trabajo para obtener... o para evitar...».	MOTIVACIÓN EXTRÍNSECA EXTERNA
		«Me resigno, no veo la relación entre mis actos y los resultados de mi trabajo».	AMOTIVACIÓN

Recupera la motivación en el trabajo © **50**MINUTOS.es

¿Han cambiado tus motivaciones? ¿En qué medida? ¿A qué deducciones llegas? ¿El tipo de motivación que actualmente predomina se adecua al puesto que ocupas? ¿Qué debería cambiar? ¿Sobre qué puedes actuar directamente? ¿Sobre qué puedes actuar indirectamente? ¿Sobre qué no puedes actuar?

¿POR QUÉ ESTOY DESMOTIVADO?

Cuando nos sentimos motivados, en parte es porque nos sentimos competentes, porque interactuamos de forma adecuada con nuestro contexto profesional y porque nos gusta tener la iniciativa de nuestros comportamientos (autodeterminación). En el caso de que debas reactivar tu motivación, es importante que identifiques qué ha podido influir en ella. Existen muchos estudios que demuestran que nuestra motivación disminuye cuando cambia la satisfacción relativa a nuestras necesidades de competencia y de autodeterminación.

Si no te sientes competente o si no tienes la sensación de decidir sobre tus actos, tu motivación intrínseca (comportamientos adoptados por elección y por placer) puede disminuir, al igual que ciertos tipos de motivaciones extrínsecas (comportamientos adoptados para obtener o evitar algo, o por culpabilidad). Existen estudios que indican que si te sientes vigilado en el trabajo, si no recibes *feedback* o si recibes críticas por tu trabajo, si se ponen en entredicho tus competencias o si no dispones de un margen de maniobra para tomar iniciativas, no resultaría nada sorprendente que te sintieras desmotivado, que tu rendimiento disminuyera y que tuvieras la intención de marcharte de tu trabajo.

¿SUFRIR O ACTUAR?

Si la situación actual te desmotiva, no esperes a que los demás hagan algo. ¡Cambia lo que puedas! El estadounidense Spencer Johnson, psicólogo y consultor de gestión, describe en su relato *¿Quién se ha llevado mi queso?* cuáles son las distintas posturas que podemos adoptar frente al cambio.

Hem y Haw buscan queso, condición para su bienestar. Estaban acostumbrados a encontrarlo siempre en el mismo lugar, pero, de repente, un día se quedan pasmados cuando descubren que ya no hay queso. Dado que ninguno sabe «quién se ha llevado su queso», ambos desarrollan su propia estrategia frente a esta nueva situación:

* Hem espera, pasivo, a que las cosas se solucionen, y prefiere quedarse sin queso mientras repite incansablemente los mismos comportamientos infructuosos, en vez de lanzarse por un laberinto con un perímetro desconocido.
* Aunque Haw también se ve seducido por esta opción en un primer momento, al final decide dejar de caminar en círculos. Asume que la vida se compone de una sucesión de cambios y, siguiendo su intuición, se pone en marcha, con un nudo en el estómago por el miedo a lo desconocido. Haw mantiene el rumbo hacia su objetivo y descubre de manera progresiva un sentimiento de libertad. Termina por encontrar un «queso nuevo» que, poco a poco, le permite olvidarse del que había conocido con anterioridad.

¿Te sientes desmotivado por la situación actual? ¿Qué acciones has llevado a cabo para que la situación progrese? ¿Cómo has acogido los cambios que han surgido en tu contexto profesional? ¿Deseas esperar simplemente a que se solucione, como Hem? ¿O consideras que tienes que superar tus miedos y tus viejas certidumbres para explorar las posibilidades y descubrir que también eres capaz de apreciar nuevos sabores, como Haw? ¿Cuál es tu grado de motivación para enfrentarte al cambio?

LOS MEJORES CONSEJOS

HAZ UN BALANCE SOBRE TU CARRERA

¿En qué punto se encuentra tu proyecto profesional? ¿Cuáles son los objetivos que deseas alcanzar?

VOLVER A MOTIVARME — REFLEXIÓN 4

En su obra *Décrochez le job de vos rêves*, Yves Maire du Poset nos propone que dibujemos el gráfico de nuestra carrera. Hemos adaptado ligeramente el ejercicio para ti.

- En las abscisas, indica las distintas etapas de tu trayectoria.
- En las ordenadas, establece una escala de satisfacción: 0 — insatisfecho; +10 — muy satisfecho; -10 — muy insatisfecho.

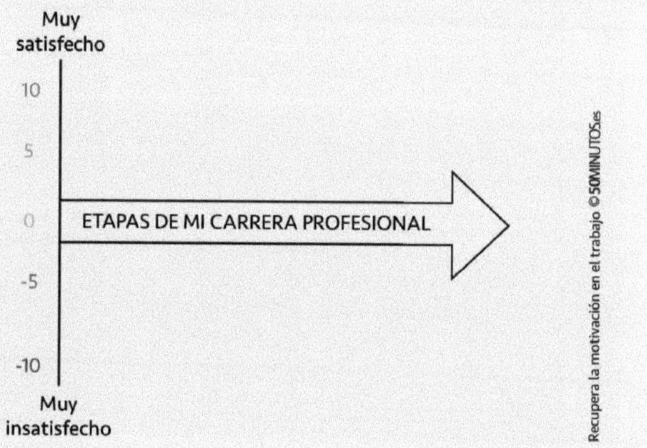

- Para cada etapa clave, indica tu nivel de satisfacción y une los puntos entre ellos. Resalta los momentos fuertes, los más satisfactorios y los momentos en los que tu satisfacción se encontraba en su punto más bajo.
- ¿Qué pasó durante esos momentos clave? ¿Qué factores influyeron en la situación? ¿Cuáles eran tus expectativas? ¿En qué medida se cumplieron? ¿Hasta qué punto controlabas la situación? ¿Te sentías capaz de actuar? ¿Por qué?
- A continuación, tómate tu tiempo para describir dos momentos de realización profesional de los que estés especialmente orgulloso. Describe la situación, tus objetivos, las acciones concretas que efectuaste y los resultados que obtuviste. ¿Qué desafíos estaban en juego? ¿Cuáles fueron tus factores de éxito? ¿Qué quieres llevar a cabo hoy en día? ¿Qué necesitarías?

HAZ UN BALANCE SOBRE TU EMPLEABILIDAD

Según los autores Joël Müller y Emmanuel Djuatio, la empleabilidad estaría conformada por distintos aspectos:

- la capacidad para obtener un empleo (la formación);
- la capacidad para conservarlo (la movilidad o el desarrollo);
- la capacidad para encontrar uno nuevo (la orientación profesional).

Según estos autores, para las organizaciones resulta muy

conveniente reconocer la empleabilidad de sus asalariados, aumentando la flexibilidad y las posibilidades de movilidad. Esto les ayuda, por una parte, a seguir adaptándose a las evoluciones del contexto y, por otra parte, a favorecer la satisfacción y la implicación organizacional de su personal. Una buena percepción de tu empleabilidad mejora tu satisfacción en el trabajo.

<u>VOLVER A MOTIVARME — REFLEXIÓN 5</u>

¿Mi jefe valora mi «empleabilidad»?

(Preguntas que se inspiran en el cuestionario de la investigación de Joël Müller y Emmanuel Djuatio, titulada «Les relations entre la justice organisationnelle, l'employabilité, la satisfaction et l'engagement organisationnel des salariés» (Müller y Djuatio 2011, 46-62), que podría traducirse por «Las relaciones entre la justicia organizacional, la empleabilidad, la satisfacción y el compromiso organizacional de los asalariados».

Formación

- ¿Sientes que tu experiencia te permite conservar tu puesto?
- ¿Tu formación te permite, en general, ser contratado fácilmente en otra parte en el mercado laboral (formación que ofrece un acceso fácil a la movilidad dentro de la empresa o fuera de ella)?
- ¿Deberías desarrollar competencias especiales para conservar tu puesto?

HAZ UN BALANCE SOBRE TU IMPLICACIÓN AFECTIVA PARA CON LA ORGANIZACIÓN

La implicación con la organización es representativa del nivel de identificación que sentimos con sus objetivos y valores, de una voluntad de realizar esfuerzos por ella y de unas ganas de seguir perteneciendo a la misma. Podemos distinguir:

- la implicación de continuidad, es decir, tu vínculo instrumental con la organización, ya que abandonarla

implicaría un coste más alto que quedarte en ella;
- la implicación normativa, que anima a las personas a quedarse por obligación moral;
- la implicación afectiva, que remite a tu vínculo emocional con la organización.

Esta última está influida por:

- las características de nuestro trabajo (diversidad de tareas, grado de autonomía, *feedback* positivo, etc.);
- la forma de las interacciones entre el grupo de trabajo y el superior (la implicación aumenta cuando el superior nos incluye en las decisiones);
- la cultura de la empresa;
- el papel que desempeñamos dentro de la organización.

¿SABÍAS QUE...?

La psicología distingue tres tipos de problemáticas relacionadas con el papel o el rol, que pueden generar estrés y, por lo tanto, pueden influir en nuestra salud:

- la ambigüedad de rol, cuando no sabemos exactamente qué se espera de nosotros;
- el conflicto de rol, cuando las órdenes que recibimos entran en conflicto con los elementos que emanan del contexto;
- la sobrecarga de rol, cuando tenemos demasiado trabajo para el papel que se nos ha atribuido.

Cuando estas situaciones afectan a la salud, tienen consecuencias negativas para la motivación en el trabajo. ¿Cómo te sientes en el papel que actualmente se te ha otorgado?

HAZ UN BALANCE SOBRE TUS NECESIDADES DE RESPETO Y DE RECONOCIMIENTO

En su obra relativa a la búsqueda de lo humano en la gestión de recursos humanos, Sharon C. Bolton y Maeve Houlihan indican que nos sentimos realizados o sufrimos dependiendo de la medida en la que nuestras necesidades están cubiertas. Los seres humanos no nos contentamos con sentirnos seguros, disfrutar de buenas condiciones materiales o, incluso, de tener acceso a las oportunidades; también necesitamos reconocimiento, interacciones con respecto y sin humillar a los demás, la aprobación de los otros y sentir que estamos integrados, respaldados por una red.

El peso de las normas de la empresa a la que perteneces incide en tus comportamientos y en los de las personas que te rodean en el trabajo. Más allá de las reglas y de los procedimientos fijados, existe una red de convenciones, menos visibles, que influirán en tu bienestar laboral. Los contextos profesionales en los que evolucionamos valoran distintos tipos de virtudes o de defectos, y estimulan ciertos comportamientos por encima de otros. Algunos investigadores han demostrado que no trabajamos tanto para impulsar nuestra autoestima, sino más bien porque la mayoría de nosotros piensa que es lo que debemos hacer, y que con ello nos granjearemos la aprobación de nuestro entorno.

Si te sientes competente, te gusta tu trabajo y tus compañeros son simpáticos, pero aun así estas desmotivado, tómate tu tiempo para preguntarte acerca de los criterios que se valoran en tu contexto profesional. ¿En qué medida te sientes identificado con ellos? ¿En qué medida te apartas de ellos? ¿En qué medida te sientes valorado y respetado? ¿Qué necesitarías para que así sea? ¿Qué tipo de contexto laboral respondería a tus necesidades?

HAZ UN BALANCE SOBRE TU SENTIMIENTO DE EQUIDAD

El sentimiento de respeto y de autoestima también pasa por el sentimiento de equidad. Quizás te sientas desmotivado porque uno de tus compañeros ha obtenido un ascenso, cuando te parece que realmente no se lo merecía. Los sentimientos de injusticia en el trabajo, sobre todo relacionados con las diferencias de sueldo, de valoración de las competencias y de trato en las condiciones laborales, influyen en la motivación. Varios estudios han demostrado el peso de la justicia en la satisfacción. Puede ser distributiva (ligada a la motivación personal, equidad percibida en cuanto al reparto de recursos, como el salario, la satisfacción con respecto a lo que ganamos y a nuestro trabajo) o procedimental (equidad ligada a los métodos que la organización utiliza, ligada a la estructura de la organización y a nuestra implicación hacia esta última).

¿En qué punto se encuentra tu sentimiento de justicia?

(Preguntas que se inspiran en el cuestionario de la investigación de Joël Müller y Emmanuel Djuatio, titulada «Les relations entre la justice organisationnelle, l'employabilité, la satisfaction et l'engagement organisationnel des salariés» (Müller y Djuatio 2011, 46-62), que podría traducirse por «Las relaciones entre la justicia organizacional, la empleabilidad, la satisfacción y el compromiso organizacional de los asalariados».

En relación con la distribución de recursos

- ¿Sientes que tu empresa te ofrece más ventajas de las que la competencia podría proponerte?
- ¿Sientes que tu salario se corresponde con el puesto que ocupas?
- ¿Tu remuneración se corresponde con tu nivel de competencia?
- ¿Tu remuneración se corresponde con tu nivel de responsabilidad?
- Si comparas tus ventajas y tus contribuciones con las de personas que ocupan puestos similares, ¿sientes que la situación es equitativa?

En relación con los métodos y los procedimientos que tu organización utiliza

- ¿Te parece que puedes dar tu opinión?
- ¿Puedes opinar con facilidad sobre ciertas decisio-

nes de tu empresa?

- ¿Tu empresa comunica fácilmente información sobre sus decisiones?
- ¿La empresa trata rápidamente tus solicitudes de formación?
- ¿Sientes que tu empresa toma en cuenta tu opinión a la hora de decidir?

¿Te invade un sentimiento de injusticia? ¿Sientes que lo que recibes se corresponde con lo que esperas? ¿Qué puedes implementar para mejorar la situación? ¿Cómo podrías formular estas peticiones constructivas y a quién se las remitirías para mejorar tu sentimiento de justicia e impulsar de nuevo tu motivación?

OBJETIVA EL COSTE Y EL IMPACTO DE LOS «PARÁSITOS» QUE SABOTEAN TU MOTIVACIÓN

En su obra *Estúpidos no, gracias*, Robert Sutton, profesor de gestión en la Stanford Engineering School, propone un enfoque que permite cambiar la lectura —y, por qué no, darle la vuelta— de una conducta destructiva de una persona que gasta su energía en ponernos zancadillas o en desanimarnos. Estos «estúpidos», como los llama Sutton, perjudican nuestro rendimiento y, por consiguiente, el de la empresa.

Si tu motivación se ve afectada por la influencia de un «estúpido», es probable que hayas observado alguno de estos comportamientos: invasión del espacio personal, amenazas e intimidaciones, sarcasmos, humillaciones públicas... Según el autor, todas las empresas deberían adoptar la norma «no se admiten estúpidos» para preservar la energía y la autoestima de sus víctimas, y su rendimiento.

¿Pero cómo podemos luchar contra un «estúpido»? Simplemente, objetivando las horas que pierdes cuando entráis en contacto y traduciéndolo en costes. Si te tomas un momento para calcular el tiempo pasado con la jerarquía, con los recursos humanos, con los colaboradores externos, en proceso de contratación tras una marcha o una ausencia, haciendo horas extra, intercambiando correos electrónicos, en reuniones, en entrevistas telefónicas, etc., podrás calcular el coste que representan las interacciones inútiles que le has dedicado a esta persona. Si tus argumentos emocionales caen en saco roto, el coste atribuible a los parásitos y la cuantificación del tiempo que te hacen perder servirán de base objetiva para la conversación. Y mientras calculas el impacto financiero de su toxicidad, ¡mantente a la mayor distancia posible de estos perfiles!

OBTÉN LO QUE QUIERES COMPARTIENDO TUS MOTIVACIONES

Quizás te sientes desmotivado porque te parece que algunos de tus compañeros no dudan en presentarse de una manera más atractiva y terminan obteniendo lo que ambicionas. Luc Pelletier y Robert Vallerand nos avisan de que, a rendimientos iguales, las personas que muestren motivaciones intrínsecas (por placer: superarse, desarrollarse, sentirse realizado) estarán consideradas como más «deseables socialmente», mientras que las personas con motivaciones elegidas (no sufridas), pero extrínsecas (por ejemplo, con el objetivo de conciliar vida privada y vida profesional) son consideradas más «útiles», ya que son más eficaces.

Por lo tanto, el tipo de motivación que enseñemos tendrá un impacto sobre los evaluadores. El efecto perverso de este proceso anima a que los candidatos presenten motivaciones intrínsecas únicamente para dar una imagen positiva, lo que no siempre ayuda a ganarse la simpatía de los demás. Cuidado, dependiendo de las expectativas que tu empleador tenga sobre ti, apreciará de manera diferente tus tipos de motivación.

PREGUNTAS FRECUENTES

¿TENGO QUE CENTRARME ÚNICAMENTE EN LOS ASPECTOS PROFESIONALES PARA VOLVER A MOTIVARME EN EL TRABAJO?

No. La desmotivación que experimentas hacia tu trabajo probablemente refleja un malestar más amplio, que engloba todos los aspectos de tu vida. Por lo tanto, tus intentos para volver a motivarte deben integrarse en una reflexión global.

Si solamente actúas sobre los aspectos que te molestan en el trabajo, seguramente observarás una mejora; pero para enfrentarte a situaciones insoportables, no basta con reducir la confrontación a las fuentes desagradables. Esta actitud te permite preservarte, pero no significa que te brinde la felicidad. Así, también es importante que tomes en cuenta lo que acontece en tu vida fuera del trabajo.

Existen estudios que han demostrado que la depresión, consecuencia de un acontecimiento o de una acumulación de tensión psíquica, derivaría sobre todo de la infrecuencia de momentos y actividades agradables. Los investigadores, entre los que encontramos a los behavioristas (partidarios de un enfoque psicológico basado en la modificación de los comportamientos), que parten de la observación de que la felicidad no sería simplemente lo contrario de la desgracia, se ponen de acuerdo sobre el hecho de que un aumento de estas actividades tiene un efecto positivo sobre nuestro humor. Así, más allá de la eliminación de las fuentes de sufrimiento, es necesario que desarrollemos comportamientos que nos aporten placer y alegría.

Si te sientes desmotivado, quizás haya llegado el momento de reflexionar acerca de la frecuencia con la que te has concedido momentos agradables últimamente. ¿Existen en tu vida actividades placenteras, que te dan energía, que te permiten reponer fuerzas? ¿Te has ido de vacaciones recientemente?

MI EMPRESA ME PIDE QUE SEA PROACTIVO; SIN EMBARGO, VALORA A AQUELLOS QUE RENUNCIAN A SUS AMBICIONES

Das lo mejor de ti, intentando proponer soluciones innovadoras y mostrarte proactivo. Estás convencido de que eso es lo que tu empresa espera de ti, porque así se especificaba en la oferta de empleo. Sin embargo, tu motivación se va desgastando con el contacto con tus compañeros impasibles, que toman pocos riesgos y que, por alguna extraña razón, siempre terminan por erigirse como favoritos.

El principio de identificación con la norma de lealtad significa que la persona más apreciada será aquella que evite cualquier comportamiento que, socialmente, pueda ponerse en entredicho, que no pierda el tiempo en retar a la jerarquía o al poder del sistema, y que encarne de esta manera al colaborador leal y fiel. ¿Por qué? Porque su comportamiento preserva el equilibrio del entorno social y la autoridad establecida.

Por lo tanto, no tendrán que cuestionarse necesariamente tus competencias. La mejor manera de contrarrestar este efecto es mostrar tu valor añadido —no esperes sin más a que alguien lo observe— y convertirlo en tu marca personal.

¿CÓMO REACCIONO ANTE EL ESTRÉS PROFESIONAL QUE ME DESMOTIVA?

La literatura científica nos informa de la existencia de tres «modos de *coping*» (Van Rillaer 1992, 69-75) que ofrecen una buena resistencia ante el estrés:

- pensar que somos capaces de iniciar acciones que pueden influir en el transcurso de los acontecimientos (recopilar información, analizar, tomar iniciativas);
- acoger de manera positiva los cambios considerándolos oportunidades que forman parte de la vida;
- ver el trabajo como una dimensión interesante, en vez de alienante.

Las personas que combinan estos tres modos serían más «atrevidas, fuertes» que el resto, ya que su enfoque «orientado hacia la solución» para fijar nuevos comportamientos les permite adaptarse a los acontecimientos que surgen en el contexto.

¿CÓMO ALCANZO SOLUCIONES FRENTE A SITUACIONES DIFÍCILES?

A continuación, presentamos varias etapas que deberás seguir para generar soluciones frente a una situación problemática y desmotivadora.

- Empieza por detenerte para mirar el problema de frente.
- Formúlalo estudiando la situación y describiendo lo que te gustaría cambiar.
- Busca soluciones, pero no te contentes con las que son fácilmente accesibles. Imagina respuestas nuevas aplicando los siguientes principios:
  - no te fíes de las apariencias y considera tu lectura del problema como una interpretación entre otras;
  - fórmate una visión de conjunto, intentando identificar la relación entre los elementos y el núcleo del problema;
  - divide el problema en subproblemas y jerarquízalos;
  - remítete a soluciones desarrolladas anteriormente;
  - recopila información de personas que ya se hayan visto confrontadas a situaciones idénticas;
  - recopila información de expertos;
  - imagina lo que aconsejarías a otra persona en tu situación;
  - deja que las ideas maduren.
- Escoge la solución adecuada, evaluando su viabilidad y reflexionando acerca de los costes y de los beneficios a corto plazo, pero también a medio y largo plazo.
- Implementa tus decisiones marcando plazos, visualizando las consecuencias positivas, abordando la solución

como una experiencia, fijándote objetivos razonables, empezando por acciones que brinden satisfacción y un sentimiento de eficacia para estimularte y, sobre todo, actuando en vez de hablando.
• Evalúa los efectos de las soluciones para mantener tu motivación.

¿ESTARÍA MÁS SATISFECHO Y MÁS MOTIVADO SI TRABAJASE A TIEMPO PARCIAL?

No necesariamente. En Francia, se han llevado a cabo estudios que indican que los asalariados a tiempo parcial están satisfechos globalmente. Pero esta satisfacción se vería contrarrestada por una insatisfacción relativa a la posibilidad de participar en las decisiones, al reconocimiento del trabajo efectuado y al estrés vivido en el trabajo (la disminución del tiempo de trabajo no siempre es proporcional a la reducción de la carga de trabajo, por lo que esta modalidad de trabajo también conlleva una remuneración más baja, una imposibilidad de ascenso, etc.). Las personas que no se plantean progresar profesionalmente estarían más satisfechas con esta fórmula que aquellas que tienen como meta una evolución o consideran que se trata de una situación transitoria mientras cambian su orientación profesional.

¿CÓMO HACEN LOS QUE SE ADAPTAN A CAMBIOS ORGANIZACIONALES?

Muchas organizaciones se enfrentan a los cambios, adaptan su estructura y sus procesos para buscar eficiencia. Estas evoluciones pueden constituir una amenaza para la estabilidad laboral, afectando a nuestras relaciones en el trabajo y en nuestra vida privada, alterando nuestro bienestar, nuestro estatus profesional, nuestra autoconfianza y nuestra identidad. Todos estos elementos convierten la situación en algo incómodo y generan ansiedad. Deborah J. Terry y Victor J. Callan han estudiado la cuestión de la adaptación, analizando los factores que permiten predecir los pensamientos y los actos que se desarrollarán para resolver los problemas frente al estrés, en un contexto de cambio. Esto es lo que han descubierto:

- Es necesario que observemos las características del cambio, ya que lo que implica no es igual para todos. Debemos tener en cuenta sus efectos sobre el trabajo, la medida en la que percibimos que podemos implicarnos en su implementación (a menudo, el enfoque participativo es la clave del éxito de un cambio organizacional), el sentimiento de control de la situación que tenemos, transmitido sobre todo por la claridad (o no) de la visión del líder...
- También influirá la interpretación del cambio. Así, las personas que sienten que pueden actuar sobre los factores estresantes para reducirlos y que se sienten capaces de adoptar los comportamientos necesarios para destacar en la situación tenderán a mantener su esfuerzo para gestionarla. Por el contrario, las personas que dudan de su aptitud para responder a las peticiones de la organización durante este cambio corren el riesgo de centrarse en un sentimiento de incompetencia que dificulte su gestión de la situación.

- Las personas que aplican estrategias de *coping* (que permiten enfrentarse al estrés), pensamientos y comportamientos para llegar a soluciones tienen más probabilidades de adaptarse al cambio y de enfrentarse al estrés profesional. Por el contrario, las personas «orientadas hacia las emociones», que no se concentran en el problema, sino que se centran en su nivel de sufrimiento emocional relacionado con el cambio, se adaptarán peor.
- Los recursos internos también influirán en las reacciones de una persona frente a una situación: las características personales, la autoconfianza, el sentimiento de tener las riendas de su destino, los recursos del entorno social o las fuentes de apoyo observadas en el trabajo —que, por otra parte, tendrían un efecto más importante que los recursos externos en el mundo del trabajo—.

Si te sientes desmotivado en el trabajo porque te ves amenazado por una situación de cambio, te invitamos a informarte y a evaluar en qué medida te puedes implicar, en vez de querer evitar las sensaciones desagradables provocadas por la situación. Si adoptas una actitud «orientada hacia la solución», debería aumentar tu sentimiento de control, disminuir el sentimiento de amenaza y, por consiguiente, reducir tu estrés.

¿DEBERÍA PLANTEARME UN RECICLAJE PROFESIONAL PARA VOLVER A MOTIVARME?

Existe esa posibilidad, pero no lo hagas sin preparación y sin correr riesgos. ¿Has descubierto los factores que te desmotivan en el trabajo? ¿Has intentado objetivar la situación e implementar soluciones y, aun así, la duda y la insatisfacción persisten? Entonces sí, quizás debas considerar tomar otro camino. El apoyo de tu entorno será valioso en este proceso. Ha llegado el momento de definir tu nuevo proyecto. Catherine Négroni, en su obra relativa al reciclaje profesional voluntario, fija distintas formas de reciclaje:

- el reciclaje pasión, para vivir nuestra afición, descubrir nuestra pasión;
- el reciclaje promocional para aprender o para corregir un sentimiento de fracaso escolar;
- el reciclaje estabilización laboral, para estabilizarnos, encontrar nuestro sitio y anticiparnos al futuro;
- el reciclaje equilibrio, para levantar el pie del acelerador equilibrando los ámbitos profesional y privado.

¿Con qué tipo de reciclaje crees que te identificas? ¿Cuál sería tu sueño? Si insertas ese sueño en la realidad, ¿qué se convierte en tu objetivo? ¿Cuál es tu situación (evaluación de competencias, formaciones, recursos, etc.)? ¿Qué etapas intermediarias debes llevar a cabo para alcanzar tu objetivo? ¿Qué necesitas? ¿Quién puede ayudarte? ¿Qué elementos de tu pasado profesional puedes utilizar como recurso para construir tu futuro? El reciclaje profesional es un proyecto que se construye efectuando una reflexión acerca de nosotros mismos e interactuando con los demás; con su apoyo, la tarea resulta más sencilla.

¡AHORA ES TU TURNO!

Es hora de que estimules de nuevo tu motivación analizando primero las dimensiones que repercuten en ella. Comenta brevemente cada uno de los siguientes puntos.

Elementos que analizar	Comentario
El respeto de tus valores o de una ética determinada	
Tu autonomía	
El apoyo que percibes por parte de tus compañeros, de tu jefe, de tu organización	
La utilidad de tu trabajo	
Tus posibilidades de aprendizaje	
El reconocimiento que recibes de los miembros de la organización, de tus clientes...	
La calidad de tus relaciones en el trabajo	
El placer que obtienes cuando cumples con tu trabajo	
Tu papel dentro de la organización	
Tu identificación con la cultura de la empresa	
Otros	

Después, busca soluciones estructurando tu reflexión con ayuda del modelo IDEAL.

		Método	Tu respuesta
I		*Identify problems* – Identifica los elementos que originan tu desmotivación.	
D		*Define and represent the problem* – Define los problemas describiendo los acontecimientos que, en tu opinión, han desencadenado tu pérdida de motivación, lo que has observado, pensado, medido… Intenta describir los hechos de manera objetiva. Evoca las emociones que has experimentado (miedo, ira, tristeza…). Expresa tus necesidades frente a estos acontecimientos.	
E		*Explore possible strategies* – Explora las alternativas, las posibilidades de interactuar, de delegar, de suprimir actividades. ¿Te ayudaría tener a tu disposición métodos, herramientas o formaciones? ¿Qué tipo de ayuda necesitas? ¿Qué ideas o sugerencias tienes?	
A		*Act on strategies* – ¿Qué podrías hacer en concreto? ¿Cómo? ¿Con qué? ¿Con quién? ¿En qué plazo? ¿Cuáles serían los beneficios/costes? Elabora un plan de acción y revísalo con tu jefe (o, en caso de conflicto, con un representante de RR. HH. o una persona de confianza con responsabilidad en el marco de la ley del bienestar en el trabajo).	
L		*Look back and evaluate the effects of your activities* – Fija un plazo para implementar el plan de acción y determinar una evaluación de sus efectos para proceder a los probables ajustes necesarios.	

Fuente: Bransford y Stein 1984, 12.

PARA IR MÁS ALLÁ

FUENTES BIBLIOGRÁFICAS

- Bolton, Sharon C. y Maeve Houlihan. 2007. *Searching for the human in Human Resource Management. Theory, practice and workplace contexts.* Nueva York: Palgrave Macmillan.
- Bransford, John D. y Barry S. Stein. 1984. *The ideal problem solver: guide for improving thinking, learning and creativity*, 12, figura 2,1. Wallingford: W. H. Freeman and Company.
- Cobut, Éric y Géraldine Bomal. 2009. *Motiver, être motivé et réussir l'ensemble.* Lieja: Edipro, colección *Ressources Humaines*.
- Gangloff, Bernard. 2011. "La norme d'allégeance". En *Psychologie et recrutement. Modèles, pratiques et normativités.* Editado por Sonia Laberon. Bruselas: De Boeck, 177-197.
- Johnson, Spencer. 1999. *¿Quién se ha llevado mi queso?* Traducido por José Manuel Pomares Olivares. Barcelona: Empresa activa.
- Le Saget, Meryem. 1992. *Le management intuitif. Une nouvelle force.* París: Dunod.
- Maire du Poset, Yves. 2013. *Décrochez le job de vos rêves. Un guide incontournable pour obtenir le poste que vous voulez*, 20-29. París: Leduc.s.
- Meyer, John P. 1997. "Organizational commitment". En *International review of industrial and organizational psychology*, vol. 12, 175-228. Editado por Cary L. Cooper e Ivan T. Robertson Chichester: John Wiley & Sons.

- Morin, Estelle M. 2003. "Sens du travail, définition, mesure et validation". En *Développement des compétences, investissement professionnel et bien-être des personnes. Dimensions individuelles et sociales de l'investissement professionnel*, vol. 2, 11-20. Editado por Nathalie Delobbe, Guy Karnas y Christian Vandenberghe. Lovaina la Nueva: Presses universitaires de Louvain.
- Müller, Joël y Emmanuel Djuatio. 2011. "Les relations entre la justice organisationnelle, l'employabilité, la satisfaction et l'engagement organisationnel des salariés". *Revue de gestion des ressources humaines*, vol. 4, n.° 82, 46-62. http://www.cairn.info/resume.php?ID_ARTICLE=GRHU_082_0046
- Négroni, Catherine. 2007. *Reconversion professionnelle volontaire. Changer d'emploi, changer de vie. Un regard sociologique sur les bifurcations*. París: Armand Colin.
- Rosa, Catherine. 2003. "Développement de carrière et intersignifications des milieux de vie des salariés à temps partiel". En *Développement des compétences, investissement professionnel et bien-être des personnes. Dimensions individuelles et sociales de l'investissement professionnel*, vol. 2, 49-58. Editado por Nathalie Delobbe, Guy Karnas y Christian Vandenberghe. Lovaina la Nueva: Presses universitaires de Louvain.
- Sutton, Robert. 2007. *Estúpidos no, gracias*. Barcelona: Marcial Pons.
- Terry, Deborah J. y Victor J. Callan. 2000. "Employee adjustment to an organizational change: a stress and coping perspective". En *Coping, health and organizations. Issues in occupational health*, 259-275. Editado por Philip Dewe, Michael Leiter y Tom Cox. Londres/Nueva York:

Taylor & Francis.

- Van Rillaer, Jacques. 1992. *La gestion de soi*. Lieja: Mardaga.

FUENTES COMPLEMENTARIAS

- Klein, Howard J., Thomas E. Becker y John P. Meyer. 2009. *Commitment in organizations*. Nueva York/Londres: Routledge Taylor & Francis Group.
- Myers, Wayland. 1999. *Pratique de la communication non-violente. Établir de nouvelles relations*. Saint-Julien-en-Genevois: Jouvence.
- Soucy, Monique. 2003. *J'ai mal à mon travail. Jusqu'où tolérer l'insatisfaction?* Wavre: Les Éditions de l'Homme.